글쓴이 **솔렌 부르크**

두 아이의 엄마로, 심리교육전문가입니다. 수년간 0~5세 어린이들을 대상으로 한 지역 봉사 활동에 참여하면서 부모와 자녀의 역할에 대한 프로그램을 개발했습니다. 지금은 캐나다 몬트리올의 전문대학과정(CEGEP)에서 특수교육을 가르치면서 집필 활동에 힘쓰고 있습니다.

글쓴이 **마르틴 드조텔**

오리종-솔레이유 초등학교에서 아이들을 가르치는 교사입니다. 《알레르기가 뭔지 알려 줄게!》의 공동 저자인 솔렌 부르크와 다시 한 번 의기투합하여 사람들이 언어 장애를 제대로 이해하고, 언어 장애가 있는 아이들이 더 나은 삶을 살 수 있기를 바라며 이 책을 썼습니다. 이 책의 그림은 오리종-솔레이유 초등학교의 2~5학년 학생들 20여 명이 직접 그렸습니다.

옮긴이 **김현아**

한국외국어대학교 불어과를 졸업하고, 동 대학원에서 석사학위를 받았습니다. 전문번역가로 활동 중이며, 옮긴 책으로 《반지의 제왕, 혹은 악의 유혹》 《북아트를 통한 글쓰기》 《그림으로 보는 그리스 로마 신화》 《소원을 들어주는 요정 꼬끼에뜨》 《자폐가 뭔지 알려 줄게!》 《틱과 투렛 증후군이 뭔지 알려 줄게!》 《시선의 폭력》 등이 있습니다.

추천·감수 **배소영**

언어발달전문가이자 한림대 언어청각학부 교수로 언어발달, 언어발달장애, 언어학습장애 등에 관한 강의와 연구를 해 왔습니다. 다문화와 다언어 아동, 난독증과 언어장애 아동들이 학교와 사회에서 잘 자랄 수 있도록 여러 분야 전문가들과 함께, 아이들을 위한 교육 및 협력 프로그램을 개발하는 데 힘쓰고 있습니다.

LAISSE-MOI T'EXPLIQUER... LA DYSPHASIE
by Solène Bourque et Martine Desautels

World copyright © 2014 Éditions Midi Trente
Korean translation copyrights © 2016, Hanulimkids Publishing co.
This Korean edition is published by arrangement with Éditions Midi Trente through Ambre Communication Agency and Bookmaru Korea literary agency in Seoul.
All rights reserved.

이 책의 한국어판 저작권은 북마루코리아와 Ambre Communication을 통한 Éditions Midi Trente와의 독점계약으로 한울림어린이가 소유합니다. 신저작권법에 의하여 한국 내에서 보호를 받는 저작물이므로 무단 전재와 복제를 금합니다.

추천글

 **언어 장애가 있어도
학교 생활을 잘할 수 있어요!**

혹시 여러분 주위에 다른 사람들의 말은 잘 이해하는데 자기가 하고 싶은 말을 잘 표현하지 못해 머뭇거리거나, 조사나 어미를 잘못 사용하거나, 이중적 의미가 있는 표현을 알아듣지 못하는 친구들이 있나요? 이렇게 지적 능력이나 운동 능력 등 다른 발달에는 문제가 없지만, 유난히 언어를 이해하고 표현하는 데 어려움을 겪는 증상을 '언어 장애'라고 해요. 언어 장애가 있는 친구들은 또래에 비해 언어 발달이 느리기 때문에 다른 친구들과 의사소통을 하는 게 힘들 수 있어요.

이 책의 주인공 토마스에게도 언어 장애를 가진 빅토르라는 동생이 있어요. 토마스는 일상생활 속에서 자기가 어떻게 동생을 이해하게 되었는지 생생하게 알려 줍니다. 토마스의 이야기를 들으면 여러분도 언어 장애를 가진 친구를 어떻게 도와줄 수 있는지 쉽게 알 수 있을 거예요.
다행히 빅토르는 언어 치료 선생님이나 특수학급 선생님, 심리전문가, 의사 선생님, 부모님과 담임선생님의 지지와 도움을 많이 받고 있어요. 하지만 언어 장애가 있는 학생들이 모든 학교에서 빅토르처럼 도움을 받는 건 현실적으로 쉽지 않답니다. 그래서 언어 장애 친구들이 학교에 들어가서 적응하는 데 아직도 큰 어려움을 겪고 있지요.

언어 장애는 그냥 기다린다고 좋아지지 않아요. 무엇보다도 중요한 것은 언어 장애를 가진 친구가 스스로 이룰 수 있는 목표를 세우고, 그 목표를 이룰 수 있는 다양한 방법을 써 보는 거예요. 더불어 주위의 관심과 도움도 필요해요. 이 책에서 알려 주는 것처럼 그림이나 도표 등을 활용하여 자료를 시각화하거나 카드를 보조적으로 활용하는 것도 좋은 방법이에요. 말을 할 때 기다려 주고, 말을 끊지 않으며, 구체적으로 내용을 물어보는 것도 좋은 방법이랍니다. 이처럼 주위에서 조금만 도와준다면 언어 장애가 있다 하더라도 학교생활을 잘 해 나갈 수 있지요.

빅토르의 경우처럼 우리나라에서도 언어 장애 어린이가 다른 친구들과 함께 거대한 프로젝트에 적극 참여할 수 있는 날이 올 거예요. 미래 사회의 훌륭한 구성원으로 성장할 이 땅의 모든 언어 장애 어린이와 멋진 일러스트레이터가 되어 있는 빅토르를 상상하고 기대하면서……

배소영 (한림대학교 언어청각학부 교수)

안녕! 나는 토마스야. 나이는 열 살이고, 초등학교 4학년이야.
나에겐 쌍둥이 동생이 있어. 이름은 빅토르야.
우리는 닮은 점이 많아. 둘 다 머리카락은 검고, 눈은 파랗지. 키도 똑같아.
그렇다고 우리가 똑같이 생긴 건 아니야. 우린 일란성 쌍둥이가 아니거든.
우리는 서로 다른 점도 많아. 좋아하는 음식도 다르고, 하고 싶은 것도 다르지.
나는 스파게티를 좋아하고, 스키와 천문학에 관심이 많아.
그런데 빅토르는 잼을 좋아하고, 자연에 관심이 많고, 그림 그리기를 좋아해.

또 한 가지,
빅토르는 나와 달리
언어 장애가 있어.

>> 넌 언어 장애가 먼지 아니?

잘 모르겠다고? 지금부터
내가 차근차근 알려 줄게.

언어 장애는 사람들과 의사소통을 하는 데 어려움이 있는 상태를 말해. 남의 말을 이해하는 능력과 말을 하는 능력에 영향을 미칠 수 있는 장애를 말하지.
의사소통을 하려면 뇌가 제대로 작동해야 하는데, 언어 장애가 있으면 제대로 작동하지 않는대.

언어 장애가 있는 아이들 모두가 똑같은 어려움을 겪는 건 아니야.
어떤 아이들은 다른 사람들의 말은 잘 이해하는데, 자기가 하고 싶은 말을 쉽게 표현하지 못해. 또 어떤 아이들은 하고 싶은 말은 할 수 있는데, 남들이 하는 말을 듣고 세세한 것까지 이해하는 게 힘들어.
어떤 아이들은 표현하려는 말들이 쉽게 떠오르지 않고,
또 어떤 아이들은 다른 사람과 대화를 이어나가는 게 어려워.
그런데 이 아이들이 공통적으로 갖는 어려움이 있어. 그건 바로

 '의사소통'과 관련이 있어.

빅토르에게 언어 장애가 있다는 걸 알게 된 건 나와 빅토르가 유치원에 다닐 무렵이었어.
빅토르가 내가 하는 만큼 말을 하지 못한다는 것을 부모님이 알게 된 거야. 부모님은 시간이 지나면 나아질 거라고 생각하셨대. 그런데 그렇지 않았어.

우리가 유치원을 다니던 1년 동안 선생님들은 빅토르를 지켜 봤어.
그리고 빅토르가

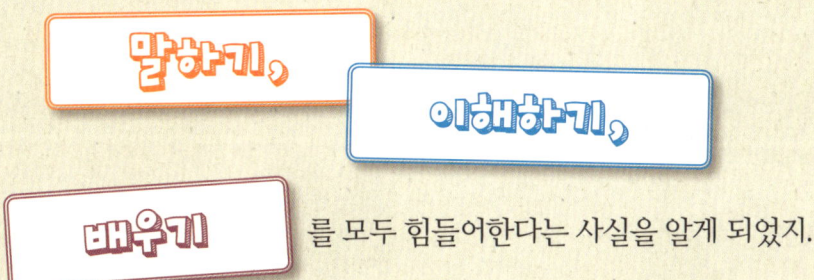

를 모두 힘들어한다는 사실을 알게 되었지.

부모님은 언어 치료 선생님과 상담을 했어.
언어 치료 선생님은 여러 가지 검사를 하고
빅토르에게 문제를 풀게 했어.
그런 다음 엄마 아빠를 불러 빅토르에게

언어 장애 가 있다고

얘기했어.
나와 빅토르가 초등학교에 들어갔을 때
학교에서는 빅토르를 특수학급에
다니도록 했지.

언어 수업을 들을 때 아이들은 각자 자기 속도대로 언어를 익힌대.

지금 나는 4학년 교실에서 공부하고 있어. 하지만 빅토르는 그렇지 않아. 빅토르네 반 아이들은 열 명뿐이야. 빅토르가 있는 **특수학급 선생님**은 아이들의 능력에 맞춰 수업을 하셔.

>> **특수학급 선생님**은 학교 적응과 학습에 어려움을 겪는 학생들을 가르치는 분이야.

>> **특수교육 전문가**는 감정 조절이나 사회적 관계에서 어려움을 겪는 아이들을 보살펴 주는 역할을 해.

어떤 과목들은 내가 이미 1학년 때나 2학년 때 배웠던 것인데, 빅토르는 지금 배우고 있어. 가끔 **특수교육 전문가** 선생님이 교실에 도움을 주러 오시기도 해.

> 그런데도 엄마는 우리 둘 다 아주 **똑똑하다고** 말씀하셔.

빅토르는 단지 **아주 느리게** 이해하는 것뿐이래.
빅토르는 사람들이 나만큼 말을 잘한다는 걸 몰라.
빅토르에게는 **소리와 낱말을 기억하는 게** 어려운 일이야.
그리고 자기가 뭘 했는지, 어떻게 그걸 했는지 기억하는 것도 쉽지 않아.
빅토르를 가르치려면 몇 번이고 되풀이해서 **연습을 시키고 또 시켜야** 해.

> 빅토르의 속마음
>
> 용기가 나질 않는다. 전에도 몇 번이나 해봤던 일인데, 교실에서 막상 하려고 하면 기억이 나질 않는다. 내 머릿속에 있는 예전의 경험을 꺼내야 한다는 사실조차 자꾸 잊어버리는 것 같다.

특수학급 선생님은 여러 가지 방법으로 빅토르가 공부하는 걸 도와주셔. 예를 들어 빅토르의 어깨를 잡거나 이름을 불러서 빅토르가 집중할 때까지 기다린 다음 이야기를 하시지. 선생님은 빅토르가 선생님의 얼굴과 몸짓을 보고 있는지도 꼭 확인하셔. 선생님의 표정과 몸짓을 봐야 빅토르가 내용을 완전히 이해하기 때문이야.

선생님이 빅토르를 가르치는 여러 가지 방법

교실에서 공부를 하는 동안 아이들이 설명을 잘 알아들을 수 있도록 선생님은 다음과 같은 방법을 사용한다.

* 아이들이 해야 할 것을 칠판에 순서대로 쓴다. 이때 글 옆에 그림이나 그림 기호를 덧붙여 준다.
* 어려운 낱말은 설명해 준다.
* 칠판에 쓴 것을 하나하나 짚어 가면서 설명한다.
* 아이들에게 지시한 내용을 한 아이에게 다시 말해 보라고 시킨다. "처음에 뭘 해야 하지?"
* 문에 붙여 놓은 시간표를 이용하거나 그림 기호를 가리키며 말한다.
* 아이들이 여러 감각을 이용하도록 이끌어 준다. 예를 들어 만들기 재료를 이용한다든지 하는 방법으로 설명을 들으면서 손으로 만지도록 한다.

이런 방법들은 모두 아이들에게 큰 도움을 준다.

빅토르에게 할 얘기가 있을 때 나도 같은 방법을 사용하지.

빅토르는 물어보는 말을 잘 이해하지 못해.

선생님은 빅토르에게 질문을 할 때 **아주 천천히** 말씀하셔.
대부분 빅토르가 잘 아는 낱말이 들어간 짧은 문장으로 질문하시지.
한 문장에 한 가지 개념, 한 가지 물음에 한 가지 생각만
들어가도록 문장을 만들어 질문하는 거야.
질문을 할 때는 무엇을 물어보는지 빅토르가 제대로 알 수 있도록
큰 소리로 또박또박 강조하며 말을 하셔.
또 선생님은 교실 안을 자주 돌아다니셔.
아이들 한 명 한 명을 잘 살펴보려고 그러시는 거야.

빅토르는 직접적으로 표현하지 않고
빗대서 말하거나 돌려서 하는
표현을 잘 알아듣지 못해.
한번은 이런 일이 있었어.
빅토르의 친구 소피가
줄넘기를 하고 나서
갑자기 몸이 아팠어.
소피는 선생님에게
어지럽다고 말하고 나서
얼마 뒤에 털썩 쓰러지더니
정신을 잃었어.
같은 반 친구인 티에리가 소리쳤어.

큰일 났어!
소피가 사과 속으로 떨어졌어!

그러자 빅토르가 나를 쳐다보면서 말했어.

"사과가 어디 있는데?"

우리는 '기절했다'는 말을 할 때 종종 '사과 속으로 떨어졌다'고 표현하곤 해. 하지만 빅토르는 티에리가 한 말을 이해하지 못했던 거야. 그래서 사과를 찾은 거지. 다른 아이들은 빅토르를 보고 웃었지만 나는 정말 마음이 아팠어.

빅토르의 속마음

선생님이 다른 아이들에게 내가 왜 티에리의 말을 이해하지 못하는지 설명했어. 아이들은 웃어서 미안하다고 사과했어. 하지만 그날 일은 내 마음 속에 아픈 기억으로 남아 있어. 문제는 내 기분이 어떤지 표현할 말을 나는 항상 찾지 못한다는 거야. 이건 나에게 주어진 또 다른 숙제야.

지난주에 선생님은 기분을 표현하는 말을 가르쳐 주기 위해서 놀이 카드를
만들었어. 카드 한 면에는 기분을 나타내는 낱말과 그림이 있고,
다른 한 면에는 그런 기분을 느낄 만한 상황이 나와.

빅토르는 그림을 아주 잘 그리기 때문에 카드에 직접 그림을
그렸어. 친구들은 색칠을 했지. 이렇게 함께 만든 카드로
아이들은 역할 놀이를 했어. 여러 가지 상황에 따라
나타나는 반응이 제각기 다를 수 있다는 것을 알게 되었지.

기분을 표현하는 말이 아무리 생각해도 떠오르지 않을 때 빅토르는 기분 카드를 우리에게 보여 줘. 그러면 우리는 빅토르가 기분을 말로 표현하도록 도와줄 수 있어.

"
집에서도 빅토르는 말을 잘 하지 못해. 우리 가족은 저녁 식사를 할 때 많은 이야기를 나눠. 엄마랑 아빠랑 나는 서로 이야기를 주고받는데, 빅토르한테는 그게 쉽지가 않아. 빅토르는 자기가 말해야 하는 순간 말을 하지 못해.
"

머릿속에서 자기 생각을 표현할 적당한 낱말을 찾아내려고
애를 쓰고 있기 때문이야. 그러다 어떨 때는 엉뚱한 말이 튀어나오기도 해.

빅토르가 하는 이런 말을 '메우는 말'
이라고 불러. 언어 장애가 있는 아이들이
어떤 물건의 이름을 말하는 정확한 낱말을
찾지 못할 때 메우는 말을 사용하는
경우가 많지.

빅토르가 **횡설수설**할 수도 있어.
이 말을 하다가 전혀 관계가 없는
다른 말을 하기도 하는 거야.

17

빅토르는 공부를 하거나
이해하는 것에서만 어려움을
겪는 게 아니야.

**표현을 하고 말을 할 때에도
힘들어하는 경우가 자주 있어.**

가끔은 나도 빅토르가 하는 말이 무슨 말인지
알 수가 없어. 빅토르는 "면발이 탱글탱글하게
놔둔 후 크림을 넣어."라고 해야 할 말을
**"탱글탱글 해 가지고 놔두고
크림을 넣어."** 라고 말하기도 해.

뭐냐면, 어휘나 문법을 어색하게
표현할 때가 있다는 거지.

> **빅토르의 속마음**
>
> 다른 사람들은 나를 이해할 수 없을 거야. 가끔 나는 나도 모르게 주먹을 불끈 쥐게 돼. 내 몸 안에 있는 화가 점점 커지는 느낌이 들거든. 내가 무슨 말을 하고 싶은지는 알겠는데, 어떻게 표현해야 할지 모르겠어. 내 기분을 이해하고 싶으면 이렇게 상상해 봐. 네가 어떤 나라로 여행을 갔는데, 그 나라 말을 모른다고 말야. 너는 말도 하고 싶고, 농담도 하고 싶을 거야. 하지만 어떻게 표현해야 할지 하나도 모를 거야. 그 나라 말을 모르니까. 나는 매일매일 다른 나라를 여행하고 있는 기분이야. 얼마나 속상한지 몰라.

빅토르에게는
시간을 여유 있게
주어야 해.
말을 하는 데도
이해하는 데도
시간이 걸려.

시간을 충분히 주고 기다려 주는 게 빅토르한테는 큰 도움이 돼.
빅토르의 뇌 는 친구들이 바라는 것만큼 빠르게 움직이지 않거든.
시곗바늘을 생각해 봐. 시곗바늘들이 모두 똑같은 속도로 움직이는 건 아니잖아.
어떤 아이들은 초침의 속도로 빠르게 이해하고 말하지만,
빅토르에게는 더 많은 시간이 필요해.

빅토르는
아주 느~으으리게 도는
분침 같은 아이거든.

빅토르는 운동을 하거나
놀이를 할 때 규칙을
이해하는 것도 어려워.

어제 쉬는 시간에 빅토르네 반 아이들과 우리 반 아이들이 농구 경기를 했어.
빅토르는 태어나서 두 번째로 농구를 하는 거였어.
처음 얼마 동안은 경기가 순조롭게 진행되었어. 그런데 내가 슛을 날려
점수를 내자 빅토르가 부러웠나 봐. 갑자기 공을 손에 들고 골대 아래까지
전속력으로 달리는 거야. 아이들이 모두 소리쳤지.
"안 돼, 빅토르! 드리블을 해야지.", "다시 해. 다시 하라니까."
하지만 빅토르는 그 말을 이해하지 못했어.
빅토르의 친구 마티스가 공을 빼앗으려고 했지만,
빅토르가 마티스를 밀치는 바람에 둘 다 넘어졌지.
내 친구들은 재밌다고 웃어 댔고, 빅토르는 울음을 터뜨렸어.
난 친구들에게 그만 웃으라고 말하고 빅토르를 달래 주려고 했어.
그런데 어떻게 해야 하는지 몰라서 마음이 정말 답답했어.

다음 날 담임선생님은 우리에게 빅토르네 반 교실에 가 보자고 말씀하셨어. 언어 장애와 언어 장애 때문에 생기는 여러 가지 어려운 점을 잘 이해할 수 있을 거라고도 하셨어. 나는 기쁜 마음에 손을 번쩍 들고 말했어.

" 빅토르는 생긴 건 우리와 비슷하지만

달라요!

언어 장애는 겉으로 드러나지 않아.

그래서 사람들은 언어 장애를 이해하기가 더 어려워.
나는 빅토르에게 장애가 있다고 해서 달라진 건 아무것도 없다고 생각해.
나는 빅토르를 하늘만큼 땅만큼 사랑하니까.
빅토르를 사랑하기 때문에 나는 사람들이 빅토르를 보고 웃으면
마음이 무척 아파.

빅토르의 속마음

사람들이 나를 보고 웃으면 나도 마음이 아파.
난 토마스랑 형제인 게 참 좋아. 내가 제대로 이해하지 못하는 게 내 잘못이 아니라고 다른 친구들에게 설명해 주거든. 하지만 토마스가 늘 내 곁에 있을 수는 없어. 나도 직접 나를 설명할 수 있어야 해. 다른 사람들과 의사소통을 하는 건 아주 중요해. 나한테는 꿈이 있거든. 나는 어린이 책에 삽화를 그리는 일러스트레이터가 되고 싶어. 나는 그림 그리는 걸 정말 좋아해.

글
그림 : 빅토르

그날 오후, 우리 반 아이들은 빅토르네 반에서 한 시간 동안 있었어.
교실 벽에는 **커다란 게시판**과 **달력**이 붙어 있었어. 아이들 책상 위에는 그림으로 그려진 일정표와 그림 문자들이 놓여 있었지.

빅토르네 반 선생님은 이런 도구들을 어떻게 사용하는지 설명해 줬어.
빅토르와 반 친구들은 우리에게 직접 사용하는 모습을 보여 주기도 했어.
잘 보이지 않는 아이에게 안경이 필요한 것처럼

언어 장애가 있는 아이들에게도
학습에 도움이 되는 방법이 필요하다는 건 알고 있지?

캐나다 퀘벡 시 전체에 언어 장애를 가지고 있는 아이들이 몇 명인지 정확한 숫자는 알 수 없어. 대략 1%에서 7% 사이일 거라고 짐작하고 있을 뿐이지. 그렇지만 언어 장애를 가지고 있는 아이 3명 중 2명은 남자아이라는 것은 확실해.

우리는 언어 치료 선생님 도 만났어.
선생님은 일주일에 한 번씩 빅토르네 반 아이들을 만나러 오셔.
아이들이 여러 가지 소리를 듣고 따라 말하고,
새로운 낱말을 찾아낼 수 있도록 연습을 시키기 위해서 말이야.
또 일상 생활을 하면서 배운 것을 더 잘 활용할 수 있도록
그림, 책, 흉내 내기 게임 등 여러 가지 방법을 이용해.

언어 치료 선생님은 특수교육 관련 서비스를 제공하는 전문가야.
아이들의 말하기 능력과 이해 능력이 좋아지게 하는 데 도움 주는 일을 하지.

가끔 빅토르가 하는 말이 우스운 말로 들릴 때도 있어.
이해하기 어려운 말은 수수께끼처럼 알아맞혀야 해.
예를 들어 빅토르는 "자동차 놀이를 하고 싶어."라는 말을 "나 차"라고 해.
하지만 자동차를 타고 나가고 싶다는 말을 할 때도 같은 표현을 써.
빅토르가 하는 말을 알아맞히는 건 쉽지 않아.
마치 조각이 빠진 퍼즐 맞추기를 하는 거랑 비슷해.

나는 예전부터 언어 치료 선생님을 알고 있었어. 가족들이랑 선생님을 만난 적이 있거든. 선생님은 집에서 우리가 빅토르를 도와줄 방법을 알려 주셨어. 우리는 뭔가 하고 싶은 말이 있으면 머릿속에서 그 말이 바로 떠오르잖아. 그런데 빅토르에게는 그게 어려운 일이라고 선생님이 설명해 주셨어.

빅토르의 머릿속 낱말 정리함은 폭풍우가 지나간 것 같은 상태야.

빅토르에게 도움이 되는 몇 가지 방법이 있어.

- 빅토르가 말을 할 때 중간에 끊지 않기.

- 말을 하다 쉬기도 하고 아무 말도 하지 않는 것을 기다려 주고, 하고 싶은 말을 다 할 수 있도록 시간을 주기.

- 마이크 같은 도구 사용하기. 마이크를 들고 있는 사람에게는 말할 수 있는 권한을 주고, 나머지 사람들은 그 사람이 하는 말을 들어야 한다. 마이크가 없으면 종이행주 심을 보기 좋게 꾸며서 만들어 쓸 수 있다.

- 생각해 낸 낱말을 써 보라고 하기. 그 말을 어떤 때 쓰는지 어떤 말과 비슷한지 물어 보기.

- 낱말을 찾도록 도와주기. 하고 싶은 말이 무엇인지 알면 첫 소리나 첫 글자를 말해 주기.

- 낱말이 빅토르의 머리에 떠오르지 않으면 말하고 싶은 것을 그려 보게 하기.

- 생각해 내려는 낱말이 어떤 종류인지 물어보기. 타는 거야? 먹는 거야? 욕실에서 사용하는 거야?

이런 것들을 **보완 방식**이라고 해.

이 방법은 말을 잘 표현하지 못할 때 보완해 주는 역할을 해. 빅토르의 언어 장애는 없어지지 않을 거야. 그러니까 빅토르에게 도움이 되는 여러 가지 방법들을 찾아내 배워야 해.

휴우, 다행이야. 이 방법이 여러 가지로 도움이 돼. 나도 가끔은 빅토르의 마음이나 머릿속에서 무슨 일이 일어나는지 이해하기 어려웠거든.

하지만 선생님들은 원반과 도움반 친구들이 서로를 더 잘 이해할 수 있도록 멋진 생각을 하고 있어. 우리는 앞으로 놀랍고 멋진 프로젝트를 함께 하게 될 거야.

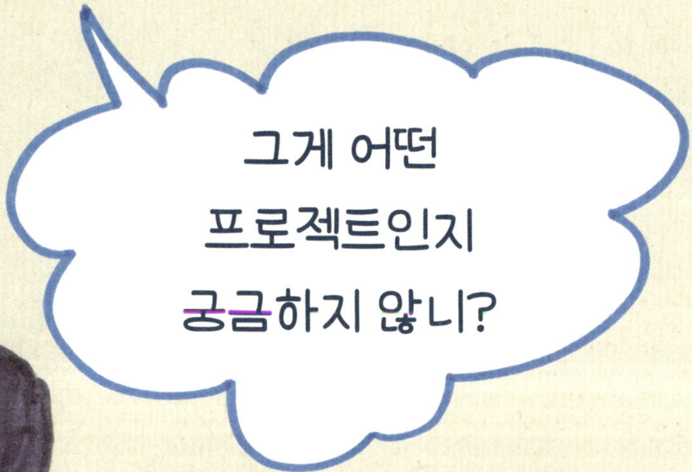

그게 어떤 프로젝트인지 궁금하지 않니?

'거대한 벽화' 프로젝트야!

엄마 아빠에게 이 소식을 전할 때
빅토르의 웃는 얼굴을
너희가 봤어야 하는데······.
빅토르는 그림을 잘 그리니까
'거대한 벽화' 프로젝트를 하면서
아주 행복해 할 거야. 나도 그렇고.

토마스네 반과 우리 반 친구들이 함께 하는 멋진 프로젝트를 당장 시작했으면 좋겠어. 아주아주 훌륭한 프로젝트가 될 거야.

빅토르의 속마음

안녕!

빅토르가 사용하는 방법들

이건 빅토르가 엄마와 함께 정리한 방법들이야.

* 집에도 학교에도 나만의 달력이 있다. 나는 달력을 보고 뭘 해야 하는 시간인지 알 수 있다. 달력에는 집에 있는 시간, 학교에 있는 시간, 외출할 시간, 기념일 등이 모두 그림으로 표시되어 있다.

* 집에서나 학교에서나 시끄러울 때 나는 조개껍질을 귀에 대고 있다. 조개껍질 덕분에 다른 일에 한눈을 팔지 않고 공부에 집중할 수 있다. 내 조개껍질을 토마스에게 빌려 주기도 하는데, 토마스는 조개껍질을 사용하면 조용하다고 아주 좋아한다.

* 나는 그림 문자와 일정표를 사용하는데, 내가 일을 할 때 무척 도움이 된다. 아침과 저녁, 학교 수업 일정표가 있다.

* 나는 관찰력이 뛰어나 수수께끼 놀이나 흉내 내기 놀이를 아주 좋아한다. 그리고 이 놀이를 하면서 많은 새로운 낱말을 배운다. 엄마와 나는 인터넷에서 적당한 그림들을 찾고 그림에 해당하는 낱말을 짝지우는 방식으로 새로운 낱말들을 배운다.

* 주위 사람들과 친구들은 나와 이야기할 때 짧은 문장으로 말한다. 천천히 말하고 참을성 있게 기다려 주고, 내 말을 주의 깊게 들어준다.

* 나는 보드게임을 하면서 많은 것을 배울 수 있다. 할아버지와 할머니는 나와 보드게임 하는 것을 아주 좋아하신다. 토마스도 우리와 함께 게임하는 것을 좋아한다.

* 아빠와 엄마는 내가 공부할 때 일정표를 스스로 짜고, 일상 생활도 혼자 해 나갈 수 있도록 알람시계와 모래시계를 내가 직접 사용하게 한다.

* 사람들과 어울리는 요령을 터득하고 다른 사람과 협동할 줄 아는 능력을 키우려고 이번 여름에 축구팀에 들었다. 앞으로는 규칙을 잘 지키게 될 것이다.

* 지하로 내려가는 계단 벽에 한 달을 단위로 하는 시간 선을 그리고 거기에 기념일, 나들이, 내게 생긴 일과 관련된 사진을 붙인다. 그렇게 하면 나의 현재 시간을 아는 데 도움이 된다. 지난 여름, 지난 달, 어제 등을 확실하게 알 수 있다.

* 저녁 식사 시간에 가족들이 돌아가면서 오늘 하루 인상 깊었던 일을 이야기한다. 이 시간은 나와 가족에게 아주 중요하고도 소중한 시간이다. 내가 다른 사람과 소통하고 싶은 마음을 갖게 하고, 다른 사람의 말을 주의해서 들을 수 있게 된다.

빅토르의 머릿속

빅토르가 귀로 듣고 전달 받은 정보를 이해하고 표현하기까지
빅토르의 뇌 속에서는 어떤 일이 벌어지는 걸까?

① 듣기
나는 청력에는 아무런 문제가 없다.

② 정보 인식하기
'자동차'라는 말을 백 번을 들어도 나는 또다시 '동차'라고 말하지만, 정보는 인식한다.

③ 이해하기
가끔은 그림이나 몸짓이 함께 따라 주어야 제대로 이해할 수 있다.

④ 의미 있는 낱말에 접근하여 생각을 조직화하기
내 머릿속에서는 낱말들이 뒤죽박죽 섞이는 일이 많다. 돌아가고 있는 건조기 안에 엉킨 양말 같다. 흐트러진 낱말들을 내가 원하는 대로 정리하는 게 쉽지 않다.

⑤ 이미 알고 있는 낱말과 연관 짓기
나에게 말할 때는 같은 물건은 언제나 같은 낱말로 표현하는 것이 좋다. 내가 '승용차'라는 말을 잘 모르는 경우, 어떨 땐 '자동차'라고 하고, 어떨 땐 '승용차'라고 하면 이해하기 어렵다.

⑥ 말소리를 순서에 맞게 말하기
선생님에게 "방을 내 함 넣어(사물함에 가방을 넣었다)."라고 하면 전혀 알아듣지 못한다. 가끔 나는 처음부터 말을 다시 하느니 차라리 포기하는 편을 선택한다.

⑦ 정보 말하기
나에게 낱말을 천천히 말하라고 하면 한 음절씩 또박또박 '청바지'라고 말할 수 있다. 하지만 내가 청바지를 입고 싶다고 말할 때는 그냥 '지'라고 마지막 음절만 말하는 경우가 있다.

오해와 진실

오해 1 언어 장애가 있는 아이는 잘 듣지 못한다.
진실 1 말로 표현하거나 이해하는 데 어려움을 보이는 이 장애는 청력에는 아무런 문제가 없다.

오해 2 언어 장애는 지적 장애 때문에 생기는 것이다.
진실 2 지적장애와 달리 언어 장애가 있는 사람들에게는 추론 능력과 추상화 능력을 포함해 전체적인 지적 능력이 있다.

오해 3 언어 장애는 자폐 스펙트럼 장애이다.
진실 3 자폐 진단을 받은 아이들이 언어 장애가 있는 아이들과 유사한 행동 장애와 언어 장애를 보일 수 있다. 하지만 언어 장애와 자폐 스펙트럼 장애는 다르다.

오해 4 언어 장애가 있는 아이는 언어 자극을 받지 않았다. 지연된 언어 능력은 회복될 것이다. 아이는 각자의 속도대로 배우는 것이다. 언어 장애는 좋아질 것이다.
진실 4 확실히 자극이 없으면 언어 발달이나 의사소통 능력에 지연이 생길 수 있다. 이런 경우에 언어는 특정한 유형을 가지고 있지 않거나 굉장히 느린 언어 발달 단계에 있다. 하지만 재교육 프로그램으로 충분히 지연을 따라잡고 상황을 바로잡을 수 있다. 반면에 언어 장애는 영속적으로 나타나는 언어의 문제이다. 이런 경우 재교육 프로그램을 적용해도 언어 장애를 막을 수 없다. 그렇지만 조금은 향상될 수 있을 것이고, 결함에 맞서기 위한 방법들을 찾아낼 수는 있을 것이다.

오해 5 언어 장애가 있는 아이는 사회적인 능력이 거의 없고 교육이 힘들다.

진실 5 언어 장애는 정서적이거나 심리적인 문제가 아니다. 다만 다른 사람과 의사소통이 원활하게 이루어지지 않아 화를 내거나 과격한 행동을 할 수는 있다.

부모와 선생님, 이렇게 도와주세요!

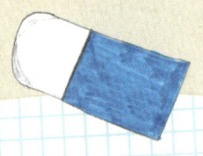

1 아이 앞에서는 천천히, 부드럽게, 그리고 정확하게 말한다.
부모나 교사는 아이와 말을 할 때 천천히, 부드럽게, 그리고 정확하게 말하는 모습을 보여주고, 적절한 태도로 아이를 지지해 주면서 대화를 하려고 노력해야 한다.

2 아이 말을 잘 들어줘야 한다.
아이가 무언가 말을 하려고 할 때는 아무리 말을 답답하게 하더라도 중간에 끼어들어 말하거나, 말을 중단시키지 않아야 한다. 우선 아이가 하는 말을 잘 들어주는 자세가 중요하다. 아이가 틀린 발음을 하거나 잘못된 표현을 하더라도 말의 내용에 집중해 부모나 교사가 자신의 말에 관심과 흥미를 가지고 있다고 느끼게 해 주어야 한다.

3 일일이 아이의 말을 고쳐 주거나 간섭하지 않는다.
천천히 말하라거나 차분히 생각하고 말하라거나 또는 따라해 보라는 식으로 일일이 아이의 말을 지적하며 당장 무리하게 고치려고 연습을 시키지 않아야 한다.

4 아이에게 언어에 대한 부담을 주지 않는다.
다른 사람들 앞에서 이야기해 보라거나, 대답하기 어려운 질문을 하거나, 하고 싶어 하지 않는 노래를 억지로 시키지 않는다. 어른들도 자신의 말이 유창하지 않아서 비웃음을 당하거나, 하찮은 일로 야단맞는 것을 좋아하지 않듯이 아이도 그렇다. 아이가 상처받지 않도록 배려해 주어야 한다.

5 아이가 말할 때 불만을 드러내지 않는다.
아이가 말을 제대로 못한다고 꾸짖거나, 아예 무시하거나, 화를 내거나, 재촉하거나, 걱정스러워하거나, 동정심을 보이는 등의 태도를 드러내지 않는다.

언어 장애가 뭔지 알려 줄게!
ⓒ 2016, 솔렌 부르크, 마르틴 드조텔

글쓴이 | 솔렌 부르크·마르틴 드조텔 **옮긴이** | 김현아
펴낸이 | 곽미순 **편집** | 이은영 **디자인** | 김민서

펴낸곳 | 한울림스페셜 **편집** | 이은영 윤도경 김하나 배예리 **디자인** | 김민서 김윤희 **마케팅** | 공태훈 **제작·관리** | 김영석
등록 | 2008년 2월 13일(제318-2008-00016호) **주소** | 서울시 영등포구 당산로54길 11 래미안당산1차A 상가
대표전화 | 02-2635-1400 **팩스** | 02-2635-1415 **홈페이지** | www.inbumo.com
블로그 | blog.naver.com/hanulimkids **페이스북 책놀이터** | www.facebook.com/hanulim

첫판 1쇄 펴낸날 2016년 5월 15일
ISBN 978-89-93143-52-2 77370

이 도서의 국립중앙도서관 출판예정도서목록(CIP)은 서지정보유통지원시스템 홈페이지(http://seoji.nl.go.kr)와
국가자료공동목록시스템(http://www.nl.go.kr/kolisnet)에서 이용하실 수 있습니다. (CIP제어번호 : CIP2016010083)

*잘못된 책은 바꿔드립니다.

알려 줄게 시리즈

아이, 부모, 교사들에게 꼭 필요한 장애와 질병에 대해 알려 주는 지식정보 그림책입니다. 어린이의 눈높이에 맞춰 풍부한 그림을 곁들여 마치 이야기하듯 풀어내어 장애나 질병이 일상생활에 어떤 어려움을 주는지, 그리고 이를 어떻게 해결해 나갈 수 있는지를 쉽게 이해할 수 있게 해 줍니다.

자폐가 뭔지 알려 줄게!
스테파니 드로리에 글 | 김현아 옮김 | (사)한국자폐인사랑협회 추천감수 | 48쪽 | 190×250 | 값 13,000원

국내 최초로 아이들의 눈높이에 맞추어 자폐에 대해 구체적으로 알려 주는 그림책
자폐아 동생을 둔 누나가 주인공으로 등장해 자폐가 있는 친구의 특성을 친절하게 설명해 주고, 이해를 구하는 내용으로 구성된 책입니다. 자폐가 있는 아이의 머릿속에서 매일 어떤 일이 일어나는지, 그 일상생활은 우리와 얼마나 다른지, 어떠한 치료와 교육을 받고 있는지 등을 보여 주고, 주위에 있는 친구들이 어떻게 반응하고 행동해야 하는지 자세히 가르쳐 줍니다. 또한 자폐가 있는 아이를 어떻게 돕고 서로 어떻게 친구가 될 수 있는지에 대해 알기 쉽게 이야기해 줌으로써 자폐에 대한 편견이나 거부감을 없애 줍니다.

소아당뇨가 뭔지 알려 줄게!
마리안느 트랑블레 글 | 김현아 옮김 | 48쪽 | 190×250 | 값 13,000원

소아당뇨 아이들이 실제 생활에서 어떻게 행동하고 대처해야 하는지 알려 주는 책
1형 당뇨가 있는 아이들이 당뇨를 더 잘 이해하고 관리하면서 건강하게 지낼 수 있게 도움을 주는 책입니다. 당뇨는 왜 생기는지, 어떠한 치료와 관리를 해야 하는지, 인슐린 주사는 왜 맞아야 하는지, 위급할 때는 어떻게 대처해야 하는지 알기 쉽게 이야기해 줍니다. 또한 '내 생일날 케이크를 먹어도 되나요?' '나에게 당뇨가 있다고 친구들한테 말해야 할까요?' '스트레스가 심하면 당뇨가 생기나요?' '내가 뭘 잘못해서 당뇨가 생겼나요?'와 같이 소아당뇨 아이들이 궁금해하는 소아당뇨에 관한 13가지 궁금증을 풀어 줍니다.

ADHD가 뭔지 알려 줄게!
애니크 빈센트 글 | 안동현 옮김 | 48쪽 | 190×250 | 값 13,000원

아이들의 눈높이에 맞추어 ADHD에 대해 구체적으로 설명해 주는 책
ADHD에 대해 아이들이 알아 두어야 할 모든 것을 담은 책입니다. ADHD가 있는 아이 톰이 직접 친구들에게 ADHD의 특성을 쉽게 설명해 주고, 자신의 일상 모습과 생각을 있는 그대로 전달하기 때문에 아이들 스스로 ADHD를 제대로 알고 이해할 수 있습니다. 부모와 교사가 ADHD 아이들을 이해하고 도움을 줄 수 있도록, 책 뒷부분에 대한소아청소년정신의학회가 설명하는 'ADHD에 관한 오해와 진실'을 실었습니다.

아토피가 뭔지 알려 줄게!
생태지평연구소 글 | 김진희 그림 | 48쪽 | 190×250 | 값 13,000원

아토피 아이가 생활 속에서 스스로를 돌보고, 자신감을 가질 수 있도록 돕는 책

원인도 모르고 치료하기도 쉽지 않은 아토피를 이겨 내려면, 아토피가 있는 어린이 스스로가 자신을 돌보고 자신감을 갖는 것이 무엇보다 중요합니다. 이 책은 어린이의 눈높이에서 아토피에 대한 지식을 친구에게 이야기하듯 구체적으로 설명하고 있어 어린이들이 쉽게 공감할 수 있습니다. 또한 아토피의 증상이 더 나빠지지 않도록 아이들이 스스로를 돌보며 자신감을 갖고 아토피를 이겨 낼 수 있게 도와줍니다.

난독증이 뭔지 알려 줄게!
마리안느 트랑블레 글 | 마음물꼬 옮김 | 정재석·신영화 추천·감수 | 48쪽 | 190×250 | 값 13,000원

흔하지만 잘 알려지지 않아 오해도 많은 '난독증'에 대한 올바른 이해를 돕는 책

이 책은 난독증 아이들이 자기 자신을 정확히 알고, 난독증으로 인한 어려움을 헤쳐 나가기 위해 어떤 노력을 기울여야 하는지 구체적으로 알려 줌으로써 아이들이 자신감을 갖고 난독증을 이겨 낼 수 있도록 도와줍니다. 난독증 아이를 이해하는 데 도움을 주는 많은 정보와 더불어 아이의 학습과 생활을 도와줄 실질적인 조언도 상세히 담고 있습니다.

알레르기가 뭔지 알려 줄게!
솔렌 부르크·마르틴 드조텔 글 | 마리-노엘 프리모 감수 | 마음물꼬 옮김 | 48쪽 | 190×250 | 값 13,000원

알레르기가 있는 어린이가 행복한 학교생활을 할 수 있도록 돕는 책

알레르기가 있는 어린이 펠릭스가 친구들에게 직접 알레르기의 특성을 쉽게 설명하고, 자신의 일상생활과 생각을 있는 그대로 전달하며 이해를 구하는 책입니다. 책 뒷부분에는 저자가 보내 온 편지와 함께 알레르기 때문에 가리고 피해야 할 것이 많은 아이들을 부모와 교사들이 어떻게 이해하고 도와주어야 하는지에 관한 이야기가 실려 있습니다.

틱과 투렛 증후군이 뭔지 알려 줄게!
도미니크 베지나 글 | 김현아 옮김 | 안동현 추천·감수 | 48쪽 | 190×250 | 값 13,000원

틱과 투렛 증후군에 관한 오해와 진실 그리고 더불어 행복하게 살아가는 법을 담은 책

자칫 버릇없고 예의 없는 행동이라고 오해받기 쉬운 '틱과 투렛 증후군'을 올바르게 이해할 수 있도록 도와주는 책입니다. 투렛 증후군 아이들에게는 치료를 받거나 학습을 하는 데 실질적인 도움이 되는 방법들을 알려 주며, 투렛 증후군 아이를 이해하고 학습이나 일상생활을 도와줄 수 있는 많은 정보들을 담고 있어 부모와 교사에게도 도움이 됩니다.